Gustavo E. Jamut

UM MÊS COM PADRE PIO

*Reflexões e orações
para o crescimento espiritual*

Paulinas

Dados Internacionais de Catalogação na Publicação (CIP)
(Câmara Brasileira do Livro, SP, Brasil)

Jamut, Gustavo E.
  Um mês com Padre Pio : reflexões e orações para o crescimento espiritual / Gustavo E. Jamut ; [tradução Leonilda Menossi]. – São Paulo : Paulinas, 2015. – (Coleção vida e oração)

Título original: 30 días de crecimiento espiritual con San Pío de Pietrelcina
ISBN 978-85-356-3951-3

1. Orações 2. Pio, de Pietrelcina, Santo, 1887-1968 3. Reflexões 4. Vida espiritual I. Título. II. Série.

15-05640   CDD-248.32

Índice para catálogo sistemático:
1. Reflexões e orações : Crescimento espiritual : Cristianismo   248.32

Título original: 30 días de crecimiento espiritual con San Pío de Pietrelcina
© San Pablo, Buenos Aires (Argentina), 2013

Direção-geral:	*Bernadete Boff*
Editora responsável:	*Andréia Schweitzer*
Tradução:	*Leonilda Menossi*
Copidesque:	*Mônica Elaine G. S. da Costa*
Coordenação de revisão:	*Marina Mendonça*
Revisão:	*Sandra Sinzato*
Gerente de produção:	*Felício Calegaro Neto*
Projeto gráfico:	*Manuel Rebelato Miramontes*
Diagramação:	*Jéssica Diniz Souza*

1ª edição – 2015
10ª reimpressão – 2025

Nenhuma parte desta obra poderá ser reproduzida ou transmitida por qualquer forma e/ou quaisquer meios (eletrônico ou mecânico, incluindo fotocópia e gravação) ou arquivada em qualquer sistema ou banco de dados sem permissão escrita da Editora. Direitos reservados.

Paulinas

Rua Dona Inácia Uchoa, 62
04110-020 – São Paulo – SP (Brasil)
Tel.: (11) 2125-3500
paulinas.com.br – editora@paulinas.com.br
Telemarketing e SAC: 0800-7010081

© Pia Sociedade Filhas de São Paulo – São Paulo, 2015

"A oração é a melhor arma de que dispomos.
É a chave do coração de Deus."

São Pio de Pietrelcina

Sumário

Introdução 9

Dia 1
Dias luminosos e dias nublados 11

Dia 2
Que a oração seja sua força 13

Dia 3
Coloque sua confiança somente no Senhor 15

Dia 4
Revalorizando a virtude da obediência 17

Dia 5
Dar graças ao Senhor 19

Dia 6
Procure a Deus, tal como os reis magos 21

Dia 7
Seu coração arde de amor 23

Dia 8
Partilhe sua cruz com Jesus 25

Dia 9
Permaneça junto de Deus 27

Dia 10
Louvor a Deus 29

Dia 11
O amor mora em você 31

Dia 12
Seja você mesmo 33

Dia 13
Consagre a Deus seus caminhos 35

Dia 14
Coloque-se nas minhas mãos 37

Dia 15
Eleve-se pela oração 39

Dia 16
Seja fonte de união 41

Dia 17
Ame a Jesus eucarístico 43

Dia 18
Jesus desfaz a solidão 45

Dia 19
Corrigindo a direção 47

Dia 20
O exercício da paciência 49

Dia 21
Nas lutas da vida, louve o Senhor 51

Dia 22
Limpe o vidro 53

Dia 23
Liberte-se da ansiedade 55

Dia 24
Maria, Rainha da Paz 57

Dia 25
Reze com o coração 59

Dia 26
Peça o dom da paciência 61

Dia 27
Libertação da vaidade 63

Dia 28
Saindo da escuridão.. 65

Dia 29
Fale bem de todos ou, então, cale-se 67

Dia 30
Cubra-se com o manto da bênção 69

Dia 31
Confie no Senhor... 71

Orações a São Pio de Pietrelcina... 73

Introdução

Querido leitor,

Por meio deste livro, eu o convido a refletir durante um mês com a ajuda de alguns pensamentos de São Pio de Pietrelcina, sobre os quais eu meditei e que agora partilho.

Todas as vezes que Deus me permitiu peregrinar até o santuário de San Giovanni Rotondo, experimentei como a santidade se manifesta não somente numa vida de oração, mas também em tarefas cheias de criatividade, com o intuito de aliviar de algum modo o sofrimento humano.

De fato, o magnífico hospital e outras obras de assistência aos mais necessitados foram um modo de concretizar aquilo que o Espírito Santo suscitava no coração de Padre Pio.

Deus não pedirá a você o mesmo que pediu a Padre Pio, mas com certeza, ao longo deste mês de oração e reflexão, o Espírito moverá o seu coração para que tome as pequenas decisões que podem transformar não somente a sua vida, como também produzir mudanças positivas na vida de outras pessoas.

Eu o acompanharei com minhas orações para que, ao longo destes dias, você possa receber todas as graças que Deus queira lhe conceder.

Um forte abraço, e que, pela intercessão de São Pio, Deus lhe conceda um mundo de bênçãos.

Pe. Gustavo

Nos livros nós buscamos a Deus,
na oração nós o encontramos.
A oração é a chave que abre o coração de Deus.
(São Pio de Pietrelcina)

Oração diária

Obrigado, Senhor, por teres concedido, ao longo da história, o dom da santidade a tantos homens e mulheres. Agradecemos especialmente pela santidade de Padre Pio e por sua poderosa intercessão.

Hoje eu peço que me concedas uma nova efusão de teu divino Espírito, para que me ajudes a ser fiel ao teu infinito amor e à tua santa vontade, tal como ele o foi.

Ajuda-me a escutar tua voz no meu interior e a responder com generosidade, cada dia, às tuas graças divinas. Amém.

Dia 1

Dias luminosos e dias nublados

São Pio de Pietrelcina hoje nos diz:
Reza, espera e não te preocupes.
A preocupação é inútil.
Deus é misericordioso e ouvirá tua oração...

Para refletir

Ao longo da vida, haverá momentos em que você experimentará estados de paz interior, esperança e alegria.

Mas também haverá momentos em que você sentirá desalento e apatia.

Nesses dias cinzentos, tenha paciência consigo mesmo e procure descansar na presença de Deus, repousando na consciência de que ele o ama e que lhe está oferecendo sua graça.

Lembre-se de que esses momentos de aridez vão passar, e então você sentirá que as forças, a criatividade e o entusiasmo voltarão a brotar no fundo da sua alma.

Se você superar os dias cinzentos na presença de Deus, o sol do dia seguinte lhe parecerá muito mais radiante e luminoso.

Oração

Que eu sempre me lembre, Senhor Jesus, que jamais eu me esqueça de que, não importa o que aconteça, tu caminhas ao meu lado e queres ser a minha paz e minha alegria.

Dia 2

Que a oração seja sua força

São Pio de Pietrelcina hoje nos diz:
A oração é a melhor arma de que dispomos.
É a chave do coração de Deus.
Deves falar com Jesus não somente com teus lábios,
mas também com o teu coração.
Na realidade, em algumas ocasiões,
deves falar apenas com o coração...

Para refletir

Assim como no nível físico se exercitam os músculos do corpo, em nível espiritual, por meio de exercícios espirituais, como a oração e a meditação das Sagradas Escrituras, também se desenvolve a vida interior.

Por isso, neste momento, agradeça a Deus que habita em você e o chama para continuar crescendo; agradeça-o pelo dom da vida e coloque seu espírito nas asas de seu Espírito, para que ele o ajude a elevar-se acima das situações contingentes e lhe conceda uma visão cada vez mais ampla e global das emoções e de tudo que você está vivendo.

Oração

Hoje eu te louvo e bendigo, Senhor, por me teres deixado o poderoso dom da oração. Ajuda-me a orar com o coração, até que a oração abra novos caminhos de paz em minha alma.

Dia 3

Coloque sua confiança somente no Senhor

São Pio de Pietrelcina hoje nos diz:

O coração do nosso Mestre divino
não conhece outra lei senão a do amor,
da doçura e da humildade.
Põe tua confiança na bondade divina de Deus
e terás a certeza de que a terra e o céu poderão faltar,
mas não faltará a proteção do teu Salvador.

Para refletir

Os Apóstolos pediram a Jesus que lhes aumentasse a fé (Lc 17,5), pois constataram que sem fé eles não podiam operar milagres.

A fé não consiste somente em crer em Deus, mas, sobretudo, em confiar nele, conhecer sua palavra e suas promessas.

A muitos dos homens e mulheres aos quais Jesus curou, modificou ou deu um novo sentido à vida, ele declara: "Tua fé te salvou".

Ter fé significa, como diz Padre Pio, confiar no amor e na consolação, na humildade e bondade de Deus, que não se dirige somente ao mundo em geral, mas quer chegar a você em particular.

Por meio dessa fé e confiança, peça-lhe com segurança aquilo de que necessita para você, para sua família, para a Igreja e para o mundo inteiro.

Muitos poderão falhar com você, alguns não corresponderão às suas expectativas em algumas áreas de sua vida, porém, você tem a segurança de que o divino Salvador jamais o abandonará nem o decepcionará.

Oração

Jesus, cura as feridas do meu coração, que me levam a manter uma fé tíbia e medíocre. Liberta meu coração da falta de confiança em ti, liberta minha alma de toda incredulidade. Hoje, tal como os Apóstolos, eu te peço: aumenta minha fé e a fé de todos os cristãos. Amém.

Dia 4

Revalorizando a virtude da obediência

São Pio de Pietrelcina hoje nos diz:
Mediante uma obediência completa e cega,
tu te sentirás guiado em meio às sombras,
às perplexidades e às lutas da vida.
"O homem obediente cantará vitória",
é o que nos dizem as Escrituras.

Para refletir

A obediência a Deus, aos seus mandamentos e ao que o Espírito Santo inspira em nossos corações é um dos pontos mais importantes da vida espiritual.

Jesus foi obediente ao Pai e nos ensina a importância dessa virtude. Não obstante, em nossos tempos, a obediência é pouco popular, aliás, a natureza decaída resiste a essa virtude.

É muito fácil obedecer quando aquele que nos comanda concorda com nosso gosto, vontade e parecer. Mas quando nos pede que evitemos algo contrário aos nossos desejos, ou nos ordena que realizemos alguma coisa que não queremos realizar, nessas ocasiões nos tornamos surdos ou nos rebelamos.

Cada vez que Deus nos pede algo por meio de sua Palavra ou de sua Igreja e nós o obedecemos, a obediência nos dá paz e nos dispomos a receber novas bênçãos de Deus, pois estamos seguindo a quem nos criou e que, portanto, sabe melhor do que nós aquilo que nos convém.

Oração

Amado Jesus, graças à obediência e docilidade de Padre Pio, pudeste fazer dele um instrumento de bênçãos para muitos, mesmo quando, ao obedecer, ele nada compreendesse e, ao realizá-lo, sentisse profunda dor. Mas ele manteve a certeza de que quem obedece não se engana, e por isso pudeste realizar nele uma obra maravilhosa. Mesmo depois de ter partido desta vida, ele continua a ser para nós um poderoso intercessor. Hoje eu te peço que me concedas um coração dócil como o dele, a fim de que, parecendo com ele, eu possa ser canal de inúmeras bênçãos para os meus irmãos. Amém.

Dia 5

Dar graças ao Senhor

São Pio de Pietrelcina hoje nos diz:
Se Jesus se manifesta a ti, agradeça-o.
E se ele se oculta à tua vista, agradeça-o igualmente.
Tudo isso faz parte do jogo do amor.

Para refletir

A pessoa que vive segundo a verdade sabe agradecer pelas coisas boas que recebe na vida. Ao contrário, a pessoa que vive no erro transcorre seus dias queixando-se de tudo e consome suas energias julgando metade da humanidade.

Para que a paz de Deus aumente em nosso coração, precisamos reservar um tempo para reconhecer e agradecer a Deus por todo o bem que acontece ao nosso redor, mesmo que haja dificuldades. E se em algum momento nos sentirmos mal, devemos também agradecer, pois pela fé cremos que Deus está conosco e que ele agirá, se lhe recomendarmos nossos caminhos.

Oração

Amado Jesus, hoje quero agradecer-te porque, mesmo durante o sono, tu velas por mim.

Se em minha vida acontecer algo da forma que eu não gostaria, eu o recomendo a ti; peço que abençoes as pessoas e situações, e que em tudo se faça a tua vontade.

Quero crescer no dom da gratuidade, para agradecer-te nas alegrias e nos sofrimentos, já que estás sempre junto de mim e que tua graça me sustenta. Amém.

Dia 6

Procure a Deus, tal como os reis magos

São Pio de Pietrelcina hoje nos diz:
Em todo pobre, está Jesus agonizante;
em todo enfermo, está Jesus sofredor;
em todo enfermo pobre,
Jesus está presente duas vezes.

Para refletir

Os sábios do Oriente, a quem chamamos de reis magos, viajaram em busca de Deus e não o encontraram no palácio de um rei, como certamente haviam imaginado no início de sua viagem.

Na sua vida, a primeira atitude a ser tomada é a de quem busca a Deus, seu amor, seu caminho e sua verdade.

Outra coisa: você deve deixar-se surpreender por ele. Ele está entre os pobres, que são muitos ao seu redor. E não somente os pobres de bens materiais, mas também aqueles que padecem de muitas outras carências.

Você pode adorar a Jesus e oferecer-lhe seus dons da mesma maneira como fizeram os magos do Oriente. Basta que o procure e certamente o encontrará.

Oração

Amado Jesus, menino de Belém, hoje eu te busco de coração, sabendo que o faço com retidão de coração e que tu deixarás que eu te encontre.

Quero sentir a mesma alegria dos magos do Oriente quando te encontraram.

Minha oferta não consiste em ouro, incenso e mirra, mas é este pobre coração que ofereço a ti.

Quero colocá-lo a teu serviço, servindo às pessoas que necessitarem de minha ajuda, assim como tu, através de outras pessoas, ajudas a mim.

Dia 7

Seu coração arde de amor

São Pio de Pietrelcina hoje nos diz:
Confesso que para mim é um grande sofrimento
não saber expressar nem explicar este vulcão
continuamente aceso que me queima,
e que Jesus fez nascer neste coração tão pequeno.

Para refletir

Visto que Deus é amor e que você foi criado por ele, então, no seu interior certamente você sente uma sede infinita de amor.

É possível que ao longo de sua vida você tenha lançado nessa fogueira lascas de lenha úmida, que produzem fumaça e não chegam a produzir chamas duradouras, mas tomam o lugar do verdadeiro amor.

Quem sabe, na melhor das hipóteses, você esteja alimentando essa fogueira com a lenha seca do amor sadio e genuíno daqueles que o rodeiam.

Somente o fogo do amor pode iluminar todos os recantos de sua casa, todos os ambientes da sua vida, quando você mesmo for a lenha que se lança à fogueira incendiada pelo coração de Cristo.

Oração

Aqui estou em tua presença, Senhor, reconhecendo que minha alma e cada célula do meu corpo estão sedentas de amor.

A ti me entrego neste momento, a ti que és o próprio amor. Amor infinito que une o divino com o humano. A ti que tens a capacidade, que ninguém mais possui, de preencher todo o meu ser de uma nova paz e de uma ardente alegria e vontade de viver.

Ama-me, Senhor, e faz que eu me enamore de ti, para que eu encontre a plenitude que minha alma anseia, e nada, absolutamente nada mais me possa arrebatar.

Dia 8

Partilhe sua cruz com Jesus

São Pio de Pietrelcina hoje nos diz:
Quase todos vêm a mim pedindo que alivie sua cruz.
Poucos são os que me pedem
que os ensine a carregá-la.
A vida de um cristão não é mais que
um eterno esforço contra si mesmo.
E a alma não floresce, senão à mercê da dor.

Para refletir

Não podemos largar nossa cruz. Ela faz parte de nós.

Nossa natureza resiste à dor, mas nossa mente, por sua vez, se empenha em fabricá-la. Existem cruzes reais e cruzes imaginárias; algumas são pesadas, mas são carregadas com dignidade; outras são leves, mas são arrastadas e produzem amargura e revolta.

Qual a diferença entre umas e outras? Se você carrega sua cruz sem Cristo, ela se tornará insuportável; mas se cada dia você a entrega em oração a Deus, poderá notar que ela vai se tornando mais leve, ao mesmo tempo que você irá crescendo na verdadeira paz, e será um cireneu para aqueles que carregam cruzes mais pesadas do que a sua.

Oração

Senhor, entrego minha cruz em teus braços.

São braços de amor, que carregaram o pesado madeiro no qual foste cravado.

Peço que, pelo poder de tuas chagas, continues curando as feridas de minha alma, para que eu não acrescente à minha cruz pesos desnecessários.

Tu estás junto de mim, conheces minhas cruzes, por isso hoje eu descanso em tua presença, pois junto de ti tudo se torna mais leve.

Eu te agradeço, Senhor!

Dia 9

Permaneça junto de Deus

São Pio de Pietrelcina hoje nos diz:

Nosso Senhor, quando considera nossa alma muito imatura,
não suficientemente entregue ao seu serviço,
se apressa em tirar-lhe as doçuras do passado.
Chega até mesmo a tirar-lhe
a capacidade de orar, de meditar;
é o abismo e as trevas da aridez.
O que a alma pensa ser abandono é um dom especial.
É a passagem do inteligível
para a maturidade contemplativa,
à qual não se chega senão purificado.

Para refletir

Estamos excessivamente presos aos sentimentos, a tal ponto que a vida espiritual pode correr o risco de reduzir-se a um mero sentimentalismo.

Como afirma São Pio e todos os mestres espirituais, Deus se vale da aridez pela qual passamos em alguns momentos da vida, para que, através da união da nossa perseverança com as graças místicas de Deus, nos esvaziemos de nós mesmos, a fim de chegarmos a uma maior união com o Espírito de Deus.

Portanto, ainda que não sinta desejo de rezar, reze com mais intensidade, não apoiado no sentimento, mas na confiança de aceitar que Deus viva em você.

Oração

Senhor, envia à minha alma, que se encontra seca e árida como terra seca e sem água, o orvalho de teu espírito.

Fortalece a minha vontade, porque bem sabes que nesta situação em que me encontro é difícil rezar. É difícil até mesmo cumprir os bons propósitos que fiz quando me sentia mais forte.

Por isso, hoje decidi estar mais unido a ti, embora não te sinta como eu te sentia em outros momentos. Mas eu repito: Jesus, eu confio em ti!

Dia 10

Louvor a Deus

São Pio de Pietrelcina hoje nos diz:

Agradeço a Deus que, por sua graça,
me concede sentimentos santos!
Eu poderia resumir tudo nestes termos:
sinto-me devorado pelo amor de Deus e do próximo.
Deus está sempre presente na minha mente.
Eu o levo impresso no meu coração.
Nunca o perco de vista:
posso admirar sua beleza, seus sorrisos
e suas emoções, sua misericórdia e sua justiça.

Para refletir

De manhã, ao acordar, não se esqueça de dizer: "Obrigado, meu Pai!". Respire fundo e sinta que ele está junto de você.

Cada vez que sair de casa e encontrar pessoas ou notar os pequenos detalhes da vida cotidiana que estão ao seu redor, alegre-se por tudo isso. Respire fundo, tome consciência da presença de Deus na sua alma e diga-lhe: "Obrigado, meu Pai!".

Cada vez que você sentir que seu coração se abre e que a bondade e o amor fluem para outra pessoa, tome consciência de que Deus está beneficiando a outros através de você. Então diga: "Obrigado, Pai!".

Agindo assim, no fim do dia vai perceber que você não renuncia à consciência de Deus no seu ser, pois sozinho não pode quase nada. Porém, quando você está com ele, a vida adquire um sentido novo, tudo se torna mais brilhante, e assim consegue compreender tudo aquilo que você pode fazer.

Isso se dá de tal maneira que o faz conscientizar-se de que Deus habita em você e que sua vida se transforma num louvor àquele que habita sua alma.

Oração

Pai amado, eu te louvo e te glorifico por tua divina presença que habita em mim.

Sei, meu Senhor, que sem ti eu nada sou, nada posso. Sem ti, minha vida fica vazia e eu não sinto gosto em nada.

Por isso, eu peço que teu Espírito Santo intensifique em mim a consciência de tua presença, que habita cada célula do meu corpo, da minha mente, do meu coração e de todo o meu ser.

E que, no meio da vida cotidiana, eu possa receber, como Padre Pio, a graça de admirar tua beleza, teu sorriso e tuas emoções. Amém.

Dia 11

O amor mora em você

São Pio de Pietrelcina hoje nos diz:

As coisas humanas precisam
ser conhecidas para serem amadas.
As coisas divinas precisam
ser amadas para serem conhecidas.
Não se esqueça: o vínculo perfeito é o amor.
Quem está centrado no amor vive em Deus,
porque, como diz o Apóstolo, Deus é amor.

Para refletir

Cada dia temos de tomar decisões. E em algumas ocasiões, as escolhas que fazemos são muito importantes, pois delas dependem tanto nossa paz e nossa realização como a alegria de outras pessoas. Por isso, temos de permanecer serenos perante os vários conflitos com os quais nos deparamos, a fim de saber qual a melhor decisão a tomar.

Alguns passam pela vida saltando de uma atividade para outra e não conseguem estar bem consigo mesmos nem com os outros. Quando estão sozinhos ou em silêncio, sentem-se perdidos e já não sabem o que fazer com o tempo nem com eles mesmos.

O imperador Adriano, antes de morrer, exclamou: "Conheço todos os oceanos, mas desconheço a mim mesmo".

Empregue um tempo para se conhecer, penetre na profundidade do seu ser e procure encontrar aí aquele que é a fonte da verdadeira paz e felicidade. Você vai notar, então, que o Espírito de Deus o ajudará a viver em plenitude cada momento e o guiará para tomar as decisões corretas.

Oração

Ó Senhor, meu bom amigo, ajuda-me a permanecer sereno a fim de voltar-me para dentro de mim mesmo e poder falar-te, a ti que moras em mim.

Toma tudo aquilo que me inquieta, que me agita, e põe no lugar a tua paz, de modo que ela invada todo o meu ser: meu sistema nervoso, meus músculos, meu sistema respiratório e circulatório, todas as áreas do meu corpo que possam ser afetadas pela inquietude, pelo nervosismo e pela tensão.

Dá-me, Senhor, a tua sabedoria e discernimento, a fim de que eu possa ver com os teus olhos, com clareza objetiva, aquilo de mais conveniente que eu tenho diante de mim, e que eu tome as decisões certas.

Ensina-me a perguntar todos os dias, perante cada situação: "Senhor, qual é a tua vontade?". Amém.

Dia 12

Seja você mesmo

São Pio de Pietrelcina hoje nos diz:

Caminha corretamente pelos caminhos do Senhor,
não atormenta teu espírito.
Tu deves detestar o pecado, porém, com serenidade,
e não com uma inquietude pungente.

Para refletir

No meio do ritmo frenético e numa sociedade que vive de aparências, lembre-se de que "ser" é mais importante que "ter" e "parecer". Por isso, aprenda a desfrutar da vida com seus diferentes momentos e etapas, sem criar ansiedade por um nostálgico passado ou pelo que você tem de fazer ou o que poderia acontecer-lhe no futuro.

Deixe que sua vida flua com a mesma harmonia que observamos nos ciclos da natureza.

Não concentre toda a sua atenção nas palavras. O fundamental é o testemunho que você dá com sua vida, como age consigo mesmo, com os demais, como você vive.

Aprenda a ter equilíbrio, alternando descanso e ação, e deixe que o Espírito de Deus o guie em cada momento.

Oração

Senhor, quero consagrar-te todo o meu ser, pondo em tuas mãos divinas tudo o que sou e tudo o que tenho.

Reconheço que eu não pertenço a mim, mas sim a ti, e quero permanecer consciente dessa realidade.

Eu não pedi a vida, nem o lugar, nem a família na qual eu nasci.

Eu não sei o momento em que virás tomar minha vida.

Por isso, eu te peço a graça de viver com humildade, sensibilidade e alegria cada momento e cada dia, a fim de poder louvar-te e glorificar-te em tudo, privilegiando o ser sobre o ter ou o parecer.

Graças sejam dadas a ti, Senhor!

Dia 13

Consagre a Deus seus caminhos

São Pio de Pietrelcina hoje nos diz:

Reza, espera, mas não te deixes levar
pelas preocupações. A preocupação é inútil.
Deus é misericordioso e escutará tua oração...
A melhor arma de que dispomos é a oração;
ela é a chave do coração de Deus.
Tu deves falar com Jesus não só com os lábios,
mas também com o coração.
Na verdade, em algumas ocasiões
convém falar somente com o coração.

Para refletir

Não permita que a tristeza entre em seu coração, nem por um instante. Ao contrário, procure viver cada momento na paz e no gozo de Deus.

Entregue a Deus, na oração, seus temores e preocupações, para que ele possa liberar seu imenso poder espiritual em todos os segmentos da sua vida.

Jamais gaste energias desnecessárias. Não perca um só instante de vida consumindo-se em pensamentos e sentimentos que não o ajudem a plenificar-se.

Se você se puser nas mãos de Deus, e lhe entregar cada situação conflituosa, tudo acontecerá para o seu bem, pois pode ter a certeza de que está em muito boas mãos.

Na sabedoria, no amor e no poder de Deus está a resposta perfeita para cada problema. Por isso, à luz de Deus, empenhe-se e busque o caminho até encontrá-lo.

Enquanto isso, no processo de busca, seja receptivo, sensível, afetuoso e dócil; permita ao Espírito Santo que guie cada ação que você tenha de realizar e disponha-se a receber suas bênçãos.

Oração

Jesus, disseste aos teus discípulos na tormenta do lago: "Não temais, sou eu!".

Creio que também estás em mim, e por isso te entrego todos os temores e a origem de cada um deles, para que me cures e libertes.

Entrego-te cada preocupação, a fim de que sejas tu quem me ajude a levar as coisas pelo caminho certo e tragas tua resposta no momento oportuno.

Quero unir meu coração ao teu, a fim de receber tudo aquilo de que preciso e que tu me queres conceder. Amém.

Dia 14

Coloque-se nas minhas mãos

São Pio de Pietrelcina hoje nos diz:

A caridade é a rainha das virtudes.
Assim como o fio entrelaça as pérolas,
a caridade entrelaça as demais virtudes.
Quando o fio se parte, as pérolas caem,
assim como as virtudes se perdem
quando falta a caridade.
A caridade é a medida pela qual
Deus nos julgará a todos.
A humildade e a caridade andam de mãos dadas.
Uma glorifica. A outra santifica.

Para refletir

Estenda a mão às pessoas que precisam de você para sair de um "poço" e ajude-as a superar as situações difíceis da vida.

Sua escola é a sua própria vida: aquilo que você mesmo sofreu em algum momento e que, com a ajuda de Deus, superou.

Por isso, a partir de sua experiência compassiva e compreensiva, você servirá de apoio de valor inestimável para aqueles que encontrar no seu caminho e que caíram no mesmo poço que você.

Estender a mão a quem se encontra no fundo de um abismo nem sempre é fácil. Em algumas ocasiões, parece que a força negativa do outro arrasta também você para baixo. Lembre-se, porém, de que, para não cair e manter-se firme na decisão de socorrê-lo, você tem de apoiar-se firmemente na rocha que é Jesus Cristo, Senhor nosso. É ele quem dá a firmeza suficiente para ajudar a erguer quem está caído no abismo.

Quando você conseguir salvá-lo do perigo, ele será o seu melhor companheiro de viagem.

Oração

Quantas vezes, Senhor, me socorreste para que eu não caísse!

Não tenho senão gratidão ao me lembrar de todos os perigos de que me livraste, bem como de todas as vezes que me preservaste do mal.

Por isso, eu te ofereço minhas mãos, coloco-as a teu serviço para sustentar o irmão que vacila e ajudar-te a tirar do abismo a quem corre perigo em alguma situação da vida.

Em ti, minha rocha, me apoio, pois és tu quem me dá segurança. Amém.

Dia 15

Eleve-se pela oração

São Pio de Pietrelcina hoje nos diz:

Pratica a meditação com perseverança
e com pequenos passos,
até que tenhas pernas fortes,
ou melhor, que tenhas boas asas.
É como a larva que, colocada na colmeia,
no tempo certo se transforma em abelha,
obreira produtora de mel.

Para refletir

Se em algum momento você se sentir nervoso ou interiormente dividido, eleve seu espírito e sua mente.

Se você experimentar alguma forma de perturbação ou escuridão, erga-se dessa emoção negativa como quem sobe ao alto de um monte e contemple o vale que fica lá embaixo, observando o quadro completo com mais compreensão.

E se for obrigado a presenciar desuniões, críticas, falta de valores, de compreensão e de amor, suba à santa montanha da oração para estar mais perto da luz que emana de Cristo, sol da vida, para que o Senhor lhe dê aquilo que dele emana: uma nova visão da sua vida.

Então, quando descer da montanha da oração, você caminhará na luz, será luz e irradiará luz, porque ela não estará fora, mas habitará a sua alma, e você poderá derramá-la nas pessoas e lugares onde houver necessidade.

Oração

Senhor meu Deus, elevo a ti a minha alma, subindo espiritualmente à montanha da adoração, a fim de que eu possa experimentar-te para além de mim e entrar no núcleo do teu divino Coração.

Quero sair dessa área de sombra e escuridão, que me impede de ver com clareza e objetividade o que estou vivendo e que de algum modo obscurece meus pensamentos e minhas emoções.

Em ti, Senhor, descanso e a ti entrego minha visão interior, para ver com teus olhos e sentir com teu coração. Amém.

Dia 16

Seja fonte de união

São Pio de Pietrelcina hoje nos diz:

Jamais me passou pela cabeça a ideia de vingança.
Rezei por todos os meus detratores e rezo por eles.
Houve ocasiões em que disse ao Senhor:
"Senhor, se para convertê-los
for preciso castigar-me, faze-o,
contanto que eles se salvem".

Para refletir

Na sociedade e em todos os ambientes, parece que reinam a confusão e a desunião. Tenha presente que a sua vocação é a de caminhar no amor e unir a todos no amor que procede de Deus.

Sua missão é a de unir. O Senhor lhe proporciona os meios para fazê-lo. Portanto, não deixe desfalecerem os seus braços, dê o melhor de si a fim de obter a reconciliação dos que estão divididos ou vivem em discórdia. Não permita que coisa alguma o desvie ou o afaste da missão de ser construtor da civilização do amor.

Para conseguir isso, é preciso que controle o que entra na sua mente e em seu coração, a fim de dar espaço aos pensamentos positivos, elevados e cheios de amor. Desse modo, não haverá lugar para pensamentos infantis e egoístas.

Peça ao Espírito Santo que purifique sua mente. Para tanto, não é preciso retirar-se. Faça-o agora mesmo, neste instante, absorvendo, como se fosse uma esponja, o amor e a compaixão que o próprio Deus lhe oferece.

Oração

Senhor, Deus de amor e caridade, peço que inundes com teu amor e compreensão todas as pessoas que eu conheço, de maneira a transmitir-lhes aquilo que queres dar a mim. Assim, faze que:

- nos corações se desenvolva o perdão;
- nas mentes, a compreensão;
- e entre todas as pessoas, a união.

Amém.

Dia 17

Ame a Jesus eucarístico

São Pio de Pietrelcina hoje nos diz:
Seria mais fácil mover-se a terra sem o sol
do que sem a santa missa.

Para refletir

A Eucaristia é a maior invenção do amor de Deus, que a criou para permanecer junto de você.

Ele está presente na missa, para alimentá-lo e dar-lhe força no caminho que você percorre cada dia da semana. Ele está presente no sacrário, esperando para falar-lhe de coração para coração, para ouvir suas confidências, para dar-lhe consolo nos momentos difíceis e orientação nas decisões que você precisar tomar.

O que você espera? Corra ao encontro de Jesus eucarístico e ali encontrará a luz interior para sua alma, em todas as dimensões de sua vida.

Oração

Jesus, tu és nossa esperança, nossa paz, nosso mediador, nosso irmão e amigo.

Meu coração enche-se de alegria e de esperança ao saber que "estás sempre vivo para interceder por nós" (cf. Hb 7,25).

Tu ultrapassas a pobreza de nossos pensamentos, de nossos sentimentos e de nossas palavras, por isso, queremos aprender a adorar admirando o mistério, amando-o tal como é, calando com um silêncio de amigo, com uma presença de doação.

Graças a ti nossa capacidade de silêncio e de adoração se converterá em capacidade de amar e servir.

Nós te agradecemos, por teres permanecido conosco no pão e no vinho consagrados. Amém.

Dia 18

Jesus desfaz a solidão

São Pio de Pietrelcina hoje nos diz:
Se Jesus se manifestar a ti, agradece-o.
Se ele se esconder, agradece-o.
Tudo faz parte do seu amor,
a fim de atrair-nos docemente ao Pai.
Persevera até a morte,
até a morte com Cristo na cruz.

Para refletir

Deus não criou você para viver na solidão, mas para que seja um ser social, que necessita da família e da comunidade.

Há quem viva rodeado de pessoas, mas sentindo-se solitário, porque as feridas de sua história criaram muros no seu interior. Isso lhe impede uma comunicação profunda. Tais pessoas se sentem ilhadas e não conseguem estabelecer vínculos profundos, sadios, que curam.

Deus procura tais corações, quer penetrar neles a fim de curá-los, derrubar os muros do isolamento. Para isso, ele constrói novas pontes de comunicação: com nós mesmos – com nosso ser mais profundo – e com as pessoas que nos rodeiam.

Entregue a Deus as feridas da sua solidão, para que ele as transforme em pérolas preciosas, mediante as quais você poderá enriquecer outras pessoas.

Oração

Jesus, que no Horto das Oliveiras sofreste solidão quando teus amigos, ao invés de te acompanharem na oração, acabaram dormindo. Tu, a quem os discípulos e amigos negaram e abandonaram, toma estas feridas que eu trago no coração e que precisam de teu amor para serem curadas. Elas produzem em mim sentimentos ruins, de solidão e isolamento. Eu as coloco todas em tuas mãos, com fé em teu poder que cura e quer fazer novas todas as coisas em mim.

Por isso eu te digo: "Obrigado, Senhor!".

Dia 19

Corrigindo a direção

São Pio de Pietrelcina hoje nos diz:

O amor e o espírito de reverência
devem estar unidos:
o espírito de reverência sem amor
torna-se covardia;
o amor sem espírito de reverência
se transforma em presunção.
Logo, um precisa do outro.

Para refletir

As decisões mais importantes de sua vida e as respostas às suas interrogações não devem ser buscadas fora de você, mas no seu interior, onde Deus habita.

Se buscar fora de você, correrá o risco de deixar-se influenciar pela opinião das pessoas que estão ao seu redor e por outros critérios do mundo.

Quando isso acontece, a vida de tais pessoas costuma ser como os barcos que adentram no mar em tormenta; começam então a ser sacudidos e agitados por uma grande diversidade de opiniões, até ficar em completa desorientação.

Caso isso acontecer a você, volte-se serenamente para o seu interior, onde encontrará a perfeita tranquilidade e a perfeita paz, que vêm do Senhor e indicarão o melhor caminho.

Oração

Espírito Santo, mostra-nos com tuas suaves inspirações a direção que devemos seguir. Dá-nos a tua direção, que nos mostre o melhor caminho para nossas vidas.

Tu, que iluminaste, retificaste, guiaste e impulsionaste os Apóstolos, guia também a nós para que sejamos discípulos fiéis e fervorosos. Amém.

Dia 20

O exercício da paciência

São Pio de Pietrelcina hoje nos diz:

Guardem, no mais profundo do espírito,
as palavras do Senhor:
"Pela paciência salvareis vossas almas".

Para refletir

Enquanto eu escrevia estas reflexões, encontrei-me com um grupo de religiosas e seminaristas, mensageiros da paz que faziam uma missão evangelizadora, a qual deveria durar mais ou menos um mês, para que o anúncio do Evangelho chegasse, de maneira ininterrupta, a várias localidades.

No caminho, fomos barrados por um piquete, que nos impediu de celebrar uma missa pelos doentes numa cidade logo adiante. Parecia muito injusto, mas, apesar da contrariedade, decidi abençoar aquele pequeno grupo de manifestantes.

É assim, na presença de Deus, que nos dispomos a não perder a esperança nem a alegria. Que nada nos roube a paz.

Oração

Senhor Jesus, fonte de amor e de paciência, peço pelo nosso país para que, pelo poder de teu sangue bendito, nos libertes de toda forma de corrupção, de violência, de injustiça e de opressão.

Abençoa a nossa nação e concede a teus filhos as condições de construir a vida de cada dia sobre o fundamento do teu ensino.

Dá-nos a graça de amar aqueles que, direta ou indiretamente, nos atrapalham, e liberta o nosso país de todo o mal. Amém.

Dia 21

Nas lutas da vida, louve o Senhor

São Pio de Pietrelcina hoje nos diz:
Permanece como a Virgem ao pé da cruz
e serás consolado.
Nem mesmo ali Maria se sentiu abandonada.
Ao contrário, seu Filho a amou ainda mais,
por causa de seus sofrimentos.

Para refletir

Chegamos finalmente à cidade onde celebraríamos a missa pelos doentes e aflitos.

Percorremos caminhos totalmente desconhecidos, atravessamos veredas estreitas ladeadas de profundos barrancos, guiados tão somente pela inspiração do Espírito Santo. O GPS não funcionava bem. Rezamos pedindo proteção e cantamos o salmo 23: "O Senhor é meu Pastor".

Apesar de termos levado quatro horas para percorrer um trecho que teria sido de apenas uma hora, e de um caminhão ter arrancado o espelho retrovisor do lado do motorista, conservamos a paz e o bom humor, graças à oração do terço e aos louvores que dirigíamos a Deus.

O mais incrível foi o fato de que, ao chegarmos à igreja, notamos que, apesar da nossa demora, a maioria das pessoas – muitas delas doentes – permanecia nos bancos a nossa espera.

A celebração foi uma festa! Nessa noite pudemos descansar com a alegria e a certeza de que, quando surgem impedimentos em nossa vida, com o poder do louvor, do perdão, do amor e da bênção, estando Jesus do nosso lado, somos mais que vencedores.

Oração

Que nas contrariedades da vida, eu te louve, Senhor.

Que nas dificuldades, críticas e obstáculos, eu te louve, Senhor.

Que nos momentos de enfermidade e de cansaço, eu te louve, Senhor.

Que nos momentos em que eu não consiga entender o que acontece, eu te louve, Senhor.

Que em cada momento da vida, eu te louve, Senhor. Amém.

Dia 22

Limpe o vidro

São Pio de Pietrelcina hoje nos diz:

Buscamos a Deus nos livros,
mas o encontramos na meditação.
À medida que te esvaziares de ti mesmo
– quer dizer, do apego aos sentidos
e da tua própria vontade –, lançando raízes
na santa humildade,
Deus falará ao teu coração.

Para refletir

Somos semelhantes ao vidro das janelas de uma casa. Se o vidro estiver limpo, pode-se enxergar claramente através dele. Além disso, a luz do sol penetra e ilumina toda a casa. Se, ao contrário, o vidro estiver sujo, a opacidade impede de ver com clareza a paisagem exterior e ainda obstrui a luz que deveria iluminar todos os recantos da casa.

A oração e a reflexão sobre aquilo que vivemos cada dia, o pedido de perdão a Deus e toda manifestação espiritual são formas de permitir que o Espírito Santo limpe o vidro de nossa alma, a fim de que sua luz inunde todo o nosso ser. Além disso, nos permite ver os acontecimentos com mais claridade e objetividade, como convém ao Senhor.

Oração

Ó Jesus, limpa as janelas de minha alma e purifica-me de toda mancha.

Permite-me ver minha vida, as pessoas que eu encontrar ao longo deste dia e todas as áreas de minha vida através da tua luz divina. Amém.

Dia 23

Liberte-se da ansiedade

São Pio de Pietrelcina hoje nos diz:

Se o teu espírito não se concentra,
teu coração fica vazio de amor.
Quando se busca algo com avidez e pressa,
a ansiedade vã e inútil causará fadiga
ao teu espírito, que não conseguirá dominar-se.
É preciso livrar-se de toda ansiedade,
porque ela é a pior inimiga
da devoção sincera e autêntica,
principalmente quando se reza.
Lembra-te de que a graça e o gosto pela oração
não provêm da terra, mas do céu.
E que é inútil deixar-se levar por uma força
que poderá somente prejudicar-te.

Para refletir

Um propósito diário deveria ser vivido sem ansiedade e tranquilamente, inclusive em meio às atividades. A percepção de que a graça de Deus habita em você e que é sua fonte de energia para tudo o que deve fazer abre caminho à sua alma e leva-o a desfrutar e saborear cada ação.

Quando você rir, faça-o com autêntica alegria. Quando chorar, deixe que as lágrimas escorram suavemente e entregue-as a Deus. Assim, você viverá com maior intensidade cada momento, com a sensação de paz interior e gratidão.

Esse exercício de concentrar-se numa coisa por vez será como o despertar após um profundo sono e ver que tudo brilha de um modo novo em todas as coisas, e que você se sente renovado.

Oração

Senhor, abro-te as portas de minha alma e peço-te que me mostres a origem de toda sensação de ansiedade ou nervosismo e que me ajudes a entregar tudo a ti.

Hoje quero viver cada momento como se fosse único e irrepetível, louvando-te pelo dom da vida e por tua inigualável beleza. Amém.

Dia 24

Maria, Rainha da Paz

São Pio de Pietrelcina hoje nos diz:
Teus olhos brilham mais que o sol.
Como és formosa, Mãe! Por ti eu me glorio.
Eu te amo mais do que
as criaturas da terra e do céu...
Depois de Jesus, é claro!
Mas eu te amo muito.

Para refletir

Vendo Deus as guerras que se fazem no mundo, as divisões nas famílias e o ódio nos corações humanos, ele quis enviar a Virgem Maria como Rainha da Paz.

Ela, com suas palavras, com sua intercessão e seu amor materno, quer ajudar-nos a curar os corações feridos, para que sejamos homens e mulheres de reconciliação.

E para isso ela nos quer dar superabundância de gozo e de paz, a fim de que cada um de nós seja um alegre mensageiro e testemunha de paz e de reconciliação nos lugares nos quais vivemos.

Oração

Virgem Maria, Rainha da Paz, intercede junto ao teu Filho por todas as pessoas que neste momento te apresento... (*mencionar os nomes*).

Que elas recebam todas as bênçãos e graças de que sejam merecedoras e tenham um coração dócil, humilde e obediente como o teu, para que Deus possa abençoá-las em tudo. Cobre-as, ó Mãe, com teu manto e faze-as imunes a todo mal. Converte-as em mensageiras da paz divina. Amém.

Dia 25

Reze com o coração

São Pio de Pietrelcina hoje nos diz:

Quando passarmos
diante de uma imagem da Virgem,
devemos dizer: "Eu te saúdo, Maria!
Saúda a Jesus por mim".

Para refletir

A Virgem Maria nos convida a orar. Ela sabe por experiência própria que o poder de Deus pode tocar até mesmo os corações mais endurecidos. Ela nos pede para intercedermos de modo especial por todas as pessoas que não conheceram o amor de Deus, a fim de que se aqueçam no seu coração imaculado e no coração de seu Filho Jesus. Assim, elas se transformam em seres de paz e de amor.

Para que a nossa oração seja eficaz, devemos – nós em primeiro lugar, tal como o Apóstolo Paulo – abrir nosso coração e deixar-nos converter pelo seu coração maternal, a fim de nos tornarmos pessoas que atraem as almas para Deus.

Ela pode estar com você e colocar todo o seu amor em sua vida, a fim de que seja inteiramente dela o seu coração. Então verá que Deus é grande, porque lhe dará abundância de bênçãos e de paz.

Oração

Virgem Maria, Rainha da Paz, peço-te que concedas a nós, teus filhos, o dom da oração. E pela união contigo e com a Santíssima Trindade, a oração se transforme em alegria para nossa alma e seja um meio de conversão para aqueles que ainda não experimentaram o amor de Deus. Amém.

Dia 26

Peça o dom da paciência

São Pio de Pietrelcina hoje nos diz:

Se precisamos de paciência
para tolerar as misérias alheias,
precisamos de muito mais paciência
para suportar a nós mesmos.

Para refletir

Quem não reconhece sua falta de paciência, não tem elementos para trabalhar sobre ela, nem pode contar com a graça de Deus para transformar sua personalidade.

O único defeito que não podemos mudar é o que não queremos reconhecer, e o único pecado que Deus não nos pode perdoar é o de recusarmos a sua misericórdia.

"Ainda que seus pecados sejam vermelhos como púrpura, ficarão brancos como a neve; ainda que sejam vermelhos como o escarlate, ficarão como a lã" (Is 1,18).

Algumas pessoas podem ser muito pacientes em certas ocasiões, mas em outras circunstâncias se tornam tensas, impacientes e incômodas.

Há quem tenha toda a paciência do mundo com certas pessoas, mas, com outras, não deixam passar o menor erro.

É preciso detectar em quais situações nossa impaciência dispara com mais frequência. Por que com algumas pessoas temos uma paciência de santo e outras não conseguimos suportar?

Só podemos progredir se descobrirmos as raízes de nossa história e os motivos mais profundos que as alimentam.

Oração

Senhor Jesus Cristo, manso e humilde de coração, faze o nosso coração semelhante ao teu. Eu reconheço e te peço perdão por meus arrebatamentos e impaciências, e te peço, com renovada fé e humildade, virtudes que nem sequer vêm de mim, mas da ajuda que me está concedendo o teu Espírito Santo.

Concede-me sabedoria e equilíbrio para que eu saiba como agir em cada situação e em cada circunstância.

Agradeço-te, louvo-te e bendigo-te, antecipando-me àquilo que vais realizar em mim, pois creio que a paciência que cresce em mim será tão grande que muitos se admirarão do teu poder e do teu amor. Amém.

Dia 27

Libertação da vaidade

São Pio de Pietrelcina hoje nos diz:

Certa vez uma senhora disse a Frei Pio que
ela tinha muita inclinação à vaidade.
Ele então comentou:
"Já observou um campo de trigo
em tempo de colheita?
Umas espigas mantêm-se erguidas,
ao passo que outras se inclinam para a terra.
Examinemos as que estão voltadas para cima
e veremos que elas estão vazias.
Mas aquelas que se voltam para a terra, humildes,
estão carregadas de grãos.
Deus enriquece a pessoa
que faz o vazio dentro de si mesma".

Para refletir

A ostentação e a teimosia são como duas irmãs caprichosas que caminham sempre de mãos dadas. Aonde vai uma, a outra vai também. Em alguns momentos, prevalece a ostentação. Em outros, a teimosia.

A ostentação se manifesta nas relações interpessoais que se estabelecem em todos os ambientes: familiar, profissional, religioso etc. Ela desfavorece o diálogo verdadeiro, a comunicação profunda e o desenvolvimento integral de uma mente sadia.

A teimosia impede que a pessoa considere uma situação em suas diferentes facetas. Ela enxerga as coisas por um só ângulo e, por isso, define e dogmatiza as coisas de maneira inquestionável. Seu pensamento é: "Não pode ser diferente... é assim como estou dizendo".

Tal comportamento tem origem na infância, mas se a pessoa não o trabalha, com o passar dos anos ela se fixará numa mentalidade infantil.

A boa notícia é que, se a pessoa reconhece seu problema, assume-o serenamente e trata de corrigir-se, poderá ser transformada pela graça de Deus, crescer em sabedoria e capacitar-se para ter maior compreensão dos outros e de si mesma.

Oração

Senhor, eu não quero ser como uma criança teimosa, rebelde e caprichosa que, por causa de algumas mágoas, não consegue crescer e permanece obstinadamente com a própria opinião.

Eu te peço a graça da cura, que renova e flexibiliza meu coração, libertando-o de toda rigidez, que quer curar-me até dos problemas físicos e das dores produzidas pela mesma teimosia.

Agradeço-te porque no teu amor encontro uma serenidade nova, que me liberta do complexo de infalibilidade. Amém.

Dia 28

Saindo da escuridão

São Pio de Pietrelcina hoje nos diz:

O importante é caminhar
com sensibilidade diante do Senhor.
Não peças contas a Deus,
nem lhe perguntes jamais "Por quê?",
mesmo quando ele te faz passar pelo deserto.
Uma só coisa é necessária:
permanecer junto de Jesus.
Se ele nos fechar na noite,
não recusemos as trevas.

Para refletir

Certa vez, quando estava em trabalho de evangelização com um grupo de missionários em uma região do interior da Argentina, decidimos escalar um monte.

A subida foi dura e difícil, mas ao chegarmos ao cimo do monte deparamos com uma paisagem incrível: um sol radiante que, aos nossos pés, coloria os bosques e as montanhas mais baixas nos mais variados matizes.

Entendi que nossa vida também é assim. Em alguns momentos, é apenas um caminhar, uma luta contínua. Mas se não nos dermos por vencidos, se prosseguirmos guiados pela mão de Deus, pela sua presença, descobriremos o véu que ocultava a visão de uma vida bendita e o Espírito de Deus nos concederá uma visão nova de nós mesmos e de tudo o que nos rodeia.

Por isso, não desanime nem se amargure nos tempos de obscuridade e fadiga. O consolo está bem perto, a poucos passos de você. E então poderá louvar a Deus por sua sabedoria, seu amor e sua grandeza.

Oração

Deus grande, Deus sábio, Deus fiel, eu te louvo e bendigo, porque tua sabedoria é infinita e tu sabes o que é melhor para mim. Por isso, eu me ponho docemente em tuas mãos e proclamo aos quatro ventos que confio em ti. Porém, eu te peço: aumenta a minha fé!

Dia 29

Fale bem de todos ou, então, cale-se

São Pio de Pietrelcina hoje nos diz:
Não suporto a crítica e a falação,
nem o disse me disse sobre os irmãos.
É verdade que às vezes
gosto de fazer brincadeiras com eles.
Mas a murmuração me dá náuseas.
Temos tantos defeitos
a criticarmos em nós mesmos.
Por que perder tempo em criticar os irmãos?

Para refletir

A palavra tem poder sobre o restante do corpo, pois o cérebro possui um ponto nevrálgico, que é o da fala. À medida que esta se exercita, com frases positivas, de elogio e de amor, isso influencia todo o organismo da pessoa.

Mas se, ao contrário, a pessoa, no seu falar, na sua comunicação, é pessimista, negativa e critica tudo e todos, também se deteriora na saúde, de um modo ou de outro.

A crítica destrói a paz interior e impede a durabilidade das boas relações interpessoais. Além disso, não faz bem algum, pois a pessoa que vive julgando os outros termina por adoecer.

Por isso, Jesus Cristo quer dar-nos uma maneira nova de pensar e de falar, que se assemelhe cada vez mais à dele, à de Maria e dos santos.

Oração

Nós te louvamos e bendizemos, Senhor, com toda a humanidade, com toda a Igreja.

Nós te louvamos e bendizemos, Senhor, pelo dom da palavra, da audição e da comunicação.

Nós te damos graças, Senhor, por nossa boca, nossa língua, nossas cordas vocais e nossos ouvidos. Nós os consagramos a ti, para usá-los segundo a tua santa vontade como instrumentos de bênção. Amém.

Dia 30

Cubra-se com o manto da bênção

São Pio de Pietrelcina hoje nos diz:
O dom da oração está nas mãos do Salvador.
Quanto mais te esvaziares de ti mesmo,
quer dizer, do teu amor próprio,
de toda atração carnal,
e te tornares santamente humilde,
tanto mais Deus se comunicará ao teu coração.

Para refletir

Por meio da oração e da consciência da presença do Espírito de Deus que habita em você, deixe que a serenidade e a paz de Deus o cubram como um manto protetor, que o rodeia e o envolve completamente.

Nessa quietude e confiança, você obterá a fortaleza e a clareza de pensamento, para poder tomar as decisões corretas e ajudar a quem mais precisa.

Para que Deus possa agir melhor em e através de você, é preciso rezar com frequência e permanecer consciente da presença de Deus em sua vida. Essa consciência despertará uma alegria tão serena e profunda que você verá todas as coisas sob uma nova luz.

Oração

Senhor, hoje eu me coloco na tua presença, tu que criaste tudo o que é belo no mundo e que também criaste a mim.

Quero estar consciente de tua presença que habita meu ser e experimentar como o teu amor me cobre como um manto divino, que me torna invisível e me protege de todo o mal.

Obrigado, Senhor, porque durante este dia em minha vida só haverá espaço para o bem e a bondade. Amém.

Dia 31

Confie no Senhor

São Pio de Pietrelcina hoje nos diz:
Por mais altas que sejam as ondas,
o Senhor é maior.
Espera!... A calma voltará.
As provas que Deus permite
são sinais de seu amor divino,
são pérolas para a alma.

Para refletir

Com a ajuda da graça de Deus, ao longo deste mês você foi crescendo interiormente, e seus olhos se abriram um pouco mais para a beleza da vida e de tudo o que o rodeia.

De modo especial, durante este tempo, São Pio de Pietrelcina esteve intercedendo por você, para que isso acontecesse e a sua experiência de Deus aumentasse.

Quando surgirem as dificuldades, nunca esqueça que Deus é maior que qualquer situação negativa. Continue, pois, seu caminho de crescimento, para poder transmitir a todos a beleza e a bondade de Deus.

Orações

Oração a São Pio de Pietrelcina

Ó Padre Pio, testemunha de fé e de amor. Admiramos tua vida como frade capuchinho, como sacerdote e como testemunha fiel de Cristo. A dor marcou tua vida, e nós te chamamos "um crucificado sem cruz". O amor te levou a preocupar-te com os doentes, a atrair os pecadores, a viver em profundidade o mistério da Eucaristia e do perdão. Foste poderoso intercessor diante de Deus em tua vida, e continuas agora no céu fazendo o bem e intercedendo por nós. Queremos contar com tua ajuda. Roga por nós. Nós te pedimos por Jesus Cristo Nosso Senhor. Amém.

Oração de João Paulo II

Ensina-nos a humildade de coração, a fim de fazermos parte dos pequenos do Evangelho, aos quais o Pai prometeu revelar os mistérios do seu Reino. Ajuda-nos a rezar sem cansar, certos de que Deus sabe do que precisamos ainda antes de lhe pedirmos. Dá-nos uma visão de fé capaz de reconhecer de imediato, nos pobres e nos que sofrem, o mesmo rosto de Jesus. Ajuda-nos na hora do combate e da prova; e, se cairmos, faze que experimentemos a alegria do sacramento do perdão. Transmite-nos uma terna devoção a Maria, Mãe de Jesus e nossa Mãe. Acompanha-nos nesta peregrinação terrena até a pátria celeste, aonde esperamos chegar a fim de contemplar eternamente a glória do Pai, do Filho e do Espírito Santo. Amém.

(Oração pronunciada por João Paulo II na missa de canonização de Padre Pio, em 16 de junho de 2002.)

Oração pelos doentes

Santo Padre Pio, que durante tua vida demonstraste grande amor pelos doentes e pelos sofredores, escuta agora nossa oração e intercede junto ao Pai misericordioso em prol dos que sofrem. Assiste do céu a todos os enfermos do mundo. Conforta aqueles que perderam a esperança de cura. Consola os que gritam e choram de dor. Protege a quem não tem acesso a médicos e remédios, por falta de meios ou por ignorância. Dá alento aos que não conseguem repousar porque precisam trabalhar. Cuida daqueles que buscam uma posição menos incômoda na cama, devido às dores excessivas. Acompanha os que passam a noite insones. Visita aqueles que veem frustrados seus projetos por causa de uma doença. Ilumina os que passam pela "noite escura" e se desesperam. Toca os membros e músculos dos que perderam a mobilidade. Ilumina aos que veem fraquejar sua fé e se sentem atacados por dúvidas que os atormentam. Apazigua aqueles que perdem a paciência porque sua cura é demorada. Acalma aqueles que se agitam por dores e câimbras. Concede paciência, humildade e constância aos que estão convalescendo. Devolve a paz e a alegria aos que estão cheios de angústia. Diminui as dores dos mais fracos e anciãos. Vela junto ao leito daqueles que já se encontram em coma. Guia os moribundos para o gozo eterno.

Conduze aqueles que mais necessitam encontrar-se com Deus. Abençoa abundantemente aqueles que os assistem em suas dores, os consolam em sua angústia e os protegem com caridade. Amém.

Rua Dona Inácia Uchoa, 62
04110-020 – São Paulo – SP (Brasil)
Tel.: (11) 2125-3500
paulinas.com.br – editora@paulinas.com.br
Telemarketing e SAC: 0800-7010081